Guía para equipos Alpha
Título original: *Alpha Team Guide*

Traducido al español © 2006 por Alpha International, Holy Trinity Brompton, Brompton Road, Londres SW7 1JA, Reino Unido.

Edición 2014, revisada y actualizada por Jaime Álvarez Nistal.

Editado en América por Alpha North America, 2275 Half Day Road Suite 185, Deerfield, IL 60015

Alpha North America imprimió esta edición por primera vez en 2014.

Impreso en EE.UU.

ISBN 978-1-938328-30-5

1 2 3 4 5 6 7 8 9 10 Impresión/Año 17 16 15 14

Índice

Índice

DIÁLOGO EN LOS GRUPOS PEQUEÑOS

SUGERENCIAS PARA LOS GRUPOS PEQUEÑOS

El objetivo de este manual es proporcionarte unas cuantas recomendaciones para desarrollar el diálogo en el grupo pequeño. Obviamente, las preguntas sugeridas para el debate no serán necesarias si la conversación surge con naturalidad. Probablemente, sólo tendrás que usar una en cada sesión, esperando que el diálogo se anime a partir de ahí. Las preguntas intentan ser lo más abiertas y lo menos intimidantes posible. Son tan solo recomendaciones, por lo que te animamos a usar cualquier otro método o preguntas que te resulten de utilidad.

Si estás impartiendo Alpha como un método de discipulado o si los invitados ya son cristianos, puedes usar también los estudios bíblicos opcionales.

PREGUNTAS GENERALES DE UTILIDAD

- ¿Qué responderías a la charla de hoy?
- ¿Qué sientes sobre lo dicho en la charla de hoy?
- ¿Qué piensas sobre la charla de hoy?
- ¿Te ha sorprendido o interpelado algo de lo que se ha dicho esta noche?
- ¿Qué asuntos te han llamado la atención de la charla de esta noche?
- ¿Resulta nuevo para alguno el tema del que se ha hablado hoy?

Nota: Al final de Alpha tiene lugar la cena de celebración, en la que se invita a futuros invitados de Alpha a escuchar la charla «El cristianismo: ¿aburrido, falso o irrelevante?».

Las charlas 7, 8, 9 y 14 se dan en el fin de semana Alpha.

PREPARACIÓN DE LOS ANFITRIONES Y AYUDANTES

- Todas las tareas son de gran importancia. Si no puedes llevar a cabo el trabajo que te han asignado, por favor comunícaselo al coordinador de Alpha.

- Recuerda que, como anfitriones, debemos ayudar a los nuevos a sentirse acogidos.

- Es de agradecer que todos se queden a limpiar y a poner las cosas en orden después de cada sesión.

- Asegúrate de que todos los miembros del equipo organizador asisten a la reunión de oración y organización que tiene lugar antes del comienzo de cada sesión y en la que se hacen anuncios importantes. Durante las dos primeras semanas, esta reunión probablemente sea un poco más larga que durante el resto de Alpha.

HORARIO SUGERIDO

- 18.15*: reunión de organización y oración para anfitriones y ayudantes. Todos han de saber dónde están sus respectivos grupos tanto durante la cena como durante la charla.

- 18.30: cuando acaba la reunión de organización y oración, los anfitriones y ayudantes van a recibir a los invitados.

- 18.30-19.00: A medida que van llegando los invitados, los administradores les asignan un grupo, y un voluntario los acompaña hasta su grupo.

- 18.30-19.00: uno de los anfitriones debe permanecer con el grupo en todo momento, mientras que el otro anfitrión y los ayudantes pueden mostrar a los invitados dónde servirse la cena. Es posible que tengas amigos con los que quieras hablar, pero tu prioridad número uno es tu grupo; ¡ya tendrás tiempo para ponerte al día con tus amigos en otra ocasión!

- 19.00: para evitar aglomeraciones, la cena debe servirse lo más rápido posible, de modo que los invitados puedan hablar tranquilamente mientras cenan. Los donativos para la cena se pueden recoger en el lugar donde esta se sirve (se puede colocar un cartel que sugiera una donación concreta).

- 19.30: Invita a los miembros de tu grupo a que coloquen sus sillas de tal modo que vean bien al líder de alabanza y al orador.

- 20.45: Fin de la charla y comienzo del diálogo en los grupos pequeños. Pide a uno de los ayudantes que sirva el café.

- 21.30: Fin del diálogo en los grupos pequeños. Puedes proponer al grupo salir a tomar algo.

La mesa de venta de libros permanece abierta durante la cena y el diálogo de los grupos pequeños.

* Este horario es orientativo.

¿Quién es Jesús?

ASPECTOS PRÁCTICOS

Da la bienvenida a todos los invitados en el grupo.

Pasa una hoja para que los invitados escriban en ella su dirección, número de teléfono, etc. Explica que la información recogida se usará solo y exclusivamente para fines administrativos y que, si algún miembro del grupo prefiere no dar sus datos personales, no tiene por qué hacerlo.

DINÁMICAS PARA ROMPER EL HIELO
JUEGO DE LOS NOMBRES

- Explica que es un juego tonto, aunque una buena manera para aprenderse los nombres de los demás miembros del grupo en la primera noche.
- Cómo se juega:
  - Cada persona tiene que pensar en un adjetivo que describa algún aspecto positivo de su personalidad, el cual debe empezar también por la primera letra de su nombre. Por ejemplo, «Gema, generosa», «Sergio, sociable».
  - Cada persona tiene que decir su nombre, su adjetivo, y por qué lo ha elegido. Por ejemplo, Sergio es sociable porque tiene muchos amigos y le encanta estar con ellos.
  - La primera persona dice su nombre y el adjetivo que lo acompaña. La segunda persona dice el nombre y el adjetivo de la primera persona y después su propio nombre y adjetivo. Esto se repite hasta que todos los miembros del grupo hayan dicho los nombres y adjetivos de los invitados que les precedían, añadiendo su propio nombre y adjetivo.

LA ISLA DESIERTA

- Pide a los invitados que respondan a una de las siguientes preguntas:
  - «Si tuvieras que quedarte solo en una isla desierta, ¿qué tres cosas te llevarías?»
  - «Si tu casa estuviera ardiendo y pudieras entrar para rescatar una sola cosa, ¿cuál sería?»

¿QUÉ TE HA HECHO VENIR A ALPHA?

- Comienza con alguien que esté dispuesto a admitir que es ateo o agnóstico. Esto le da al resto del grupo la libertad suficiente para decir lo que cada uno piensa (si empiezas con alguien que resulta ser un cristiano entusiasta, posiblemente sea más difícil que los demás miembros sean sinceros sobre su falta de fe).

SI DIOS EXISTIERA Y PUDIERAS HACERLE UNA PREGUNTA, ¿QUÉ LE PREGUNTARÍAS?

- Escribe las preguntas para que puedas volver sobre ellas a lo largo de Alpha.

DEBATE

1. Antes de escuchar la charla de hoy, ¿cuál era tu concepto de Jesús? ¿Ha cambiado en algo? De ser así, ¿en qué ha cambiado?

2. ¿Qué pruebas presentadas hoy te han parecido convincentes y cuáles no?

3. ¿Quién crees que es Jesús?

4. Si te pudieras encontrar personalmente con Jesús, ¿cómo te sentirías y qué le dirías?

¿Por qué murió Jesús?

ASPECTOS PRÁCTICOS

Presenta a los nuevos invitados. Pasa la lista de direcciones para añadir los datos de los nuevos miembros del grupo y corregir cualquier error que pueda haber.

DEBATE

Con frecuencia, en esta semana sale el tema del sufrimiento (consultar *Temas candentes*, capítulo 1).

1. ¿Cómo reaccionas ante la crucifixión?

2. ¿Crees que el pecado es un concepto anticuado, o es algo con lo que te puedes identificar?

3. ¿Cuál es tu reacción frente a las palabras «pecado» y «perdón»?

4. ¿Estás de acuerdo con la afirmación de que el pecado es adictivo? ¿Cuáles consideras que son las consecuencias del pecado, en caso de haberlas?

¿Cómo podemos tener

fe?

ASPECTOS PRÁCTICOS

Presenta a los nuevos invitados. Pasa la lista de direcciones y haz las correcciones que sean necesarias.

Ésta es una buena semana para mencionar el fin de semana Alpha por primera vez. Anuncia las fechas.

DEBATE

Puede darse el caso de que la gente haga preguntas sobre, por ejemplo, otras religiones (ver *Temas candentes*, capítulo 2).

1. ¿Qué pondrías al rellenar un impreso si te preguntaran cuál es tu religión?

2. ¿Qué sentimientos surgen en ti cuando oyes hablar de Dios? (Amor, miedo, etc.).

3. ¿Cómo te sientes cuando oyes que el cristianismo puede cambiar tu forma de ser?

4. ¿Qué te sugiere la idea de relacionarte con Dios?

orar?

¿Por qué y cómo

ASPECTOS PRÁCTICOS

Esta es una buena ocasión para animar al grupo a asistir al fin de semana Alpha. Puedes mencionar el precio y la posibilidad de recibir ayuda económica.

DEBATE

1. ¿Has intentado orar alguna vez? ¿Qué sucedió?
2. ¿Qué piensas sobre la idea de que Dios responde a nuestra oración?
3. ¿Has sido testigo de "coincidencias" cuando has orado?
4. En el tema se han dado varias razones para orar. ¿Con cuáles te identificas más y por qué?

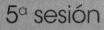

5ª sesión

¿Por qué y cómo debo leer la Biblia?

ASPECTOS PRÁCTICOS

Recuerda a los miembros del grupo pequeño que el fin de semana Alpha está próximo. Pide a alguien que haya asistido a algún fin de semana Alpha que describa su experiencia. Toma más nombres y recoge el dinero.

DEBATE

1. ¿Has leído alguna vez la Biblia?
   ¿Qué tal te fue?

2. ¿Has leído alguna vez una traducción moderna de la Biblia?

3. ¿Has leído algo en la Biblia que haya corregido algún aspecto de tus creencias o comportamientos?

4. ¿Cómo reaccionas a la sugerencia de que la Biblia es «el manual de la vida»?

5. «Lo que dicen las Escrituras, lo dice Dios»; ¿estás de acuerdo?

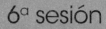

6ª sesión

¿Cómo nos guía Dios?

ASPECTOS PRÁCTICOS

Organiza el transporte, si fuera necesario, para el fin de semana Alpha.

DEBATE

1. ¿Has sentido que Dios te haya guiado en las últimas semanas?

2. ¿Cuál es tu reacción ante la idea de que Dios tiene un plan para ti?

3. ¿De qué maneras habla Dios a la gente hoy? ¿Lo has experimentado de alguna forma?

4. ¿Qué debemos hacer si creemos que nuestra vida es un auténtico caos?

¿Quién
es el **Espíritu Santo?**

No hay debate en los grupos pequeños después de esta sesión.

¿Cómo actúa el Espíritu Santo?

DEBATE

Lectura de 1 Corintios 12,4-11

1. ¿Hay alguien que haya oído hablar de los dones espirituales o que haya tenido alguna experiencia de ellos?

2. ¿Cuáles son los dones espirituales? (vv. 8-10) ¿De dónde vienen estos dones? (v. 11). [Haz una lista de los dones y explícalos].

   • Todos los dones vienen de Dios.

3. ¿Cómo reaccionas ante la idea de que Dios nos concede dones espirituales?

4. ¿Tenemos todos los mismos dones? (vv. 4-6)

   • Tenemos diferentes dones, funciones y maneras de servir, pero el mismo Dios.

5. ¿Por qué da Dios dones espirituales? (v. 7)

   • Para el bien de todos.

   • No para nuestra propia gloria.

Menciona que por la tarde habrá la posibilidad de profundizar en este tema.

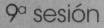

¿Cómo
podemos
llenarnos del
Espíritu Santo?

ASPECTOS PRÁCTICOS

A esta sesión le sigue un tiempo dedicado a la oración como grupo. Ofrécete a orar por los invitados que quieran recibir oración para quedar llenos del Espíritu Santo.

Antes de la última sesión, se suele preguntar a los invitados del grupo pequeño qué les pareció el fin de semana. Pídeles que describan su experiencia y dales la oportunidad de hacer preguntas y de comentarlas.

¿Cómo puedo resistir al mal?

ASPECTOS PRÁCTICOS

Empieza invitando a los miembros del grupo a que compartan voluntariamente su experiencia del fin de semana Alpha. Eso les dará la oportunidad de expresar en palabras lo que Dios ha hecho en sus vidas y servirá de aliento para todo el grupo. Incluye en el diálogo a los que no fueron al fin de semana.

DEBATE

1. ¿Crees en lo sobrenatural?; ¿en la brujería?; ¿en el ocultismo?

2. Hasta hoy, ¿tenías alguna noción del diablo? ¿Ha cambiado?

3. ¿Por qué crees que ocurren cosas malas?

4. ¿Por qué crees que el mundo está hecho un desastre?

¿Por qué y cómo debemos contárselo

a los demás?

ASPECTOS PRÁCTICOS

Si la fecha y los detalles de la cena de celebración no surgen espontáneamente en el diálogo, es un buen momento para mencionarlos. También podrías distribuir invitaciones.

Si es posible, intenta acabar esta sesión con una oración en grupo.

DEBATE

1. Si no supieras nada acerca del cristianismo, ¿cómo te gustaría que te lo presentaran?

2. ¿Has comentado con algunos de tus amigos, familiares o compañeros de trabajo que estás haciendo Alpha? ¿Cuál ha sido su reacción?

3. ¿Qué te parece la idea de hablar a los demás sobre Jesús?

¿Sana Dios hoy en día?

ASPECTOS PRÁCTICOS

Recuerda a la gente la fecha de la cena de celebración. Trata de calcular aproximadamente cuánta gente vendrá, teniendo en cuenta los miembros de tu grupo y la gente a la que piensen invitar.

DEBATE

Si hubo «palabras de conocimiento» al final de la charla, pregunta si alguien en el grupo considera que alguna de ellas se dirigía a él.

Si no es así, pregunta si alguien desea recibir oración de sanación por alguna enfermedad o por algún problema en concreto. Este es un buen momento para esclarecer cualquier duda sobre la sanación en general, así que dedica algo de tiempo para que los invitados puedan expresarse antes de orar juntos.

Ora por la gente siguiendo las pautas sobre el ministerio de oración que ofrece este manual. Si hay mucha gente que pide oración, haz dos grupos: uno de hombres y otro de mujeres.

Alienta tanto a los que quieren recibir oración como a los que no quieren recibirla.

¿Qué hay acerca de la iglesia?

ASPECTOS PRÁCTICOS

Recuerda al grupo la cena de celebración. Trata de concretar el número de invitados.

Establece una fecha para un encuentro posterior con los miembros del grupo. Podría consistir en una pequeña fiesta en la casa del anfitrión del grupo, idealmente dos semanas antes del comienzo del siguiente Alpha.

DEBATE

1. Haz una ronda pidiendo a cada persona que resuma lo que ha aprendido y experimentado en las últimas diez semanas. (¡Trata de comenzar y de terminar con alguien entusiasta!).

2. Pregunta a los miembros del grupo qué les gustaría hacer como grupo después de Alpha. Trata de animarles a mantener el grupo.

3. Pregunta a cada uno si hay algo por lo que quieran recibir oración.

4. Ora; es una buena idea terminar la última velada en oración.

PREGUNTAS OPCIONALES PARA CONTINUAR EL DEBATE

1. Cuando alguien dice la palabra «iglesia» o «cristiano», ¿en qué piensas?

2. ¿Ha cambiado tu visión de las cosas durante estas semanas en Alpha?

3. En vistas al futuro, ¿de qué manera planeas, si es el caso, continuar lo que has comenzado en Alpha?

¿Cómo aprovechar al máximo el resto de mi vida?

ASPECTOS PRÁCTICOS

Pregunta a los miembros del grupo pequeño qué les pareció el fin de semana Alpha. Deja tiempo suficiente para que los invitados compartan sus experiencias y hagan preguntas. Al final, ora por los miembros del grupo que deseen recibir oración.

2ª parte:
Entrenamiento del equipo

1er entrenamiento
Dirigir un grupo pequeño

INTRODUCCIÓN

La finalidad del grupo pequeño, así como la de Alpha en conjunto, es ayudar a que la gente tenga una relación personal con Jesucristo.

Jesús mismo dijo que donde dos o tres se reúnen en su nombre, allí está él en medio de ellos (Mateo 18,20).

- El tamaño ideal del grupo es de doce personas.
- Jesús escogió a un grupo de doce (Mateo 4,18-22).
- Cada grupo pequeño se compone de dos anfitriones, dos ayudantes y aproximadamente ocho invitados.

SEIS OBJETIVOS COMPLEMENTARIOS DEL GRUPO PEQUEÑO

1. DEBATIR

La dinámica en el grupo pequeño de Alpha no es profesor-alumno, sino anfitrión-invitado. Trata a los miembros de tu grupo como si fueran huéspedes en tu propia casa: con honor, dignidad y respeto.

Comenta la charla y los temas que hayan surgido del tema tratado. Es crucial dar a la gente la oportunidad de responder a lo que ha escuchado y de hacer preguntas.

1. Detalles prácticos

- Dispón las sillas de tal modo que todos los miembros del grupo se puedan ver.
- Asegúrate de que el anfitrión puede ver a todos los miembros.
- Proporciona una iluminación adecuada.
- Comprueba que la ventilación es suficiente.

- Ajústate al horario establecido: comienza el debate a las 20.45 h y acábalo a las 21.30 h.*

* Las horas sugeridas son orientativas.

2. Algunos grupos se echan a perder por una de estas dos cosas:

- Un liderazgo débil, sin la preparación adecuada, que deja a una sola persona hablar todo el tiempo.
- Un liderazgo demasiado dominante, que habla todo el tiempo en vez de dar a la gente la libertad para hablar y decir lo que piensa.

3. Haz preguntas sencillas

- Dos preguntas básicas:
  - ¿Qué opinas?
  - ¿Qué sientes?
- Evita ser condescendiente. Es posible que los invitados se estén acercando por primera vez al cristianismo, pero no son novatos en la vida. Trata a cada uno con respeto e interés.
- Redirecciona las preguntas al resto del grupo: «¿Qué piensan los demás al respecto?»

4. Prepárate para las preguntas más frecuentes

- Recurso: *Temas candentes,* de Nicky Gumbel, trata los siete temas que suelen surgir en los debates del grupo pequeño.

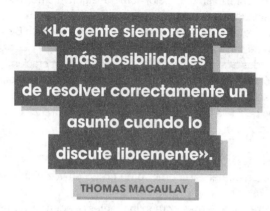

«La gente siempre tiene más posibilidades de resolver correctamente un asunto cuando lo discute libremente».

THOMAS MACAULAY

2. INICIAR EN EL ESTUDIO BÍBLICO

Algunos grupos necesitan mucho tiempo para el debate y no les queda tiempo para el estudio bíblico. Esto ocurre, sobre todo, en grupos cuyos miembros no son cristianos o practicantes.

Si un grupo acaba rápidamente el debate, se puede pasar al estudio de la Biblia en grupo, que consiste en hacer preguntas sobre un pasaje bíblico concreto. Estas preguntas pretenden ayudar a los invitados a sacar conclusiones por sí mismos; conclusiones que, probablemente, nunca olvidarán. Anima a que todos participen, puesto que no se trata de que des tú una charla. Trata de motivar a los miembros del grupo a que lean la Biblia a solas.

3. APRENDER A ORAR JUNTOS

Es necesaria mucha sensibilidad cuando se empieza a orar juntos en el grupo pequeño.

1. Oración inicial

- Hecha por ti mismo o, mejor aún, por algún miembro del grupo.
- Evita situaciones incómodas:
  - Sugiere las palabras necesarias: «¿Podrías pedirle a Dios que nos dé sabiduría para entender este pasaje?».
  - Si pides a un miembro del grupo que dirija una oración, infórmale de antemano (durante la cena, por ejemplo) para no desconcertarlo delante de los demás. Entonces, di al grupo: «He pedido a [nombre de la persona] que comience con una oración».

2. Termina orando si te parece apropiado

- Trata de comenzar a orar como grupo en voz alta a partir de la 7ª sesión.
- Las oraciones largas y grandilocuentes pueden ser admirables, pero no fomentan que otros oren.
- Ejemplo de oración ideal: «Padre... [frase corta]... en el nombre de Jesús. Amén».
- Uno de los anfitriones o ayudantes debería abstenerse de orar en alto para que los invitados que no quieran orar no se sientan presionados a hacerlo.

4. DESARROLLAR AMISTADES DURADERAS EN EL CUERPO DE CRISTO

- Es la razón principal por la que la gente permanece en la iglesia.
- Trata de conocer bien a cada persona.
- Utiliza juegos para romper el hielo (ver páginas 11 y 12).
- Actúa como anfitrión.
- Suscita la conversación.
- Organiza encuentros cuando Alpha haya acabado.

2º entrenamiento
El cuidado pastoral

INTRODUCCIÓN

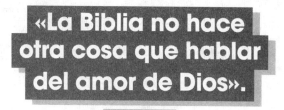

«La Biblia no hace otra cosa que hablar del amor de Dios».

S. AGUSTÍN

La fe cristiana se basa en nuestra relación con Dios y con los demás.

- El amor que Dios nos tiene
  (Romanos 5,5).
- Nuestra relación con Dios: el mandamiento de amar a Dios
  (Lucas 10,27).
- Nuestra relación con los demás: el mandamiento de amar a tu
  prójimo como a ti mismo (Marcos 12,31).

Lo más importante para un invitado en Alpha es experimentar el amor de Dios. Esto requiere:

- Motivaciones correctas.
- Integridad de corazón.
- Amor a los demás.
- Aprendizaje de destrezas.

«A este Cristo proclamamos, aconsejando y enseñando con toda sabiduría a todos los seres humanos, para presentarlos a todos perfectos en él. Con este fin trabajo y lucho fortalecido por el poder de Cristo que obra en mí» (Colosenses 1,28-29).)

1. OBJETIVO

1. Todos

- Todas las personas en Alpha han de ser cuidadas.
- Los anfitriones se distribuyen los invitados del grupo pequeño para cuidar de ellos pastoralmente.
- El sistema ha de asegurar el cuidado de cada persona.
- Ora a diario por las personas que te hayan sido asignadas.

2. Madurez espiritual

- Más allá de Alpha: se trata de un proceso que dura toda la vida.
- Continuidad: el grupo pequeño se sigue reuniendo en una casa.
- Papel en la iglesia.
- Uso de los dones.

3. Madurez en Cristo

- No queremos que la gente se apegue a nosotros, sino a Cristo.

2. MÉTODO

«A este Cristo proclamamos, aconsejando y enseñando con toda sabiduría a todos los seres humanos» (Colosenses 1,28).

Crecemos en madurez cuando crece nuestra intimidad con el Señor y nuestro conocimiento de él.

1. Lleva a la gente a Jesús

- Recurso: *¿Por qué Jesús?*

2. Anima a los nuevos cristianos a crecer en su relación con Jesús.

- Estudio bíblico y oración.
- Libros cristianos (hay una lista al final de cada capítulo de la *Guía Alpha*).
- Formación cristiana.

3. Aliéntalos a crecer en sus relaciones personales dentro del cuerpo de Cristo

- durante las veladas de Alpha;
- los domingos;
- por teléfono o mensajes;
- en reuniones;
- en futuros encuentros del grupo pequeño.

4. Actitud general

- Da siempre ánimo
  - 1 Tesalonicenses 5,11
  - Muestra afecto y atención.
  - Sé positivo.

- Sé alguien que escucha en vez de ser siempre un maestro
  - Santiago 1,19-26
  - Ayuda a que la gente se exprese.
  - Básate en modelos de escucha que respeten y den dignidad a la persona.

- Sé un pacificador
  - Mateo 5,9
  - Reconciliando diferencias, aliviando tensiones y explorando con diplomacia las razones que causan las diferencias.

3. COMPROMISO

«Con este fin trabajo y lucho fortalecido por el poder de Cristo que obra en mí» (Colosenses 1,29).

1. Nuestra responsabilidad

- «Trabajo y lucho».
  - Compromiso de orar.
  - Trabajo intenso.
  - Esfuerzo.
  - Hasta entrada la noche.
  - Venciendo la fatiga.
  - Recibiendo bien a todos los invitados, no solo a los amigos.
  - Eficacia en las tareas.
  - Venciendo el desánimo.

2. La gracia de Dios

- «Fortalecido por el poder de Cristo» (Colosenses 1,29).
  - Llénate del Espíritu Santo: «Lleno de fe y del Espíritu Santo» (Hechos 6,5).
  - Trata de dejar que el Espíritu de Dios te hable durante las charlas y te llene en los momentos de alabanza y oración. Y al mismo tiempo:
  - apresúrate a servir.
- Usa todos los dones:
  - Evangelismo
  - Enseñanza
  - Discipulado
  - Profecía (escucha de Dios)

3er entrenamiento
**Orar por
los demás en Alpha**

INTRODUCCIÓN

La actividad del Espíritu Santo transforma todos los aspectos de Alpha.

- El término «ministerio» se usa con significados diferentes en el Nuevo Testamento.
- En su sentido más amplio, «ministerio» significa «servicio» e incluye todo lo que hacemos en Alpha.
- Ministerio es «responder a las necesidades de los demás mediante los recursos de Dios» (John Wimber).
- «Ministerio» en cuanto «ministerio de oración»: «Ven, Espíritu Santo».
- Cooperación entre Dios y nosotros (Éxodo 14,16.21-22).
- Oportunidades para ejercer el ministerio de la oración durante Alpha:
  - Fin de semana Alpha (noche del sábado y mañana del domingo).
  - Sesión sobre la sanación.

1. LOS CINCO VALORES DEL MINISTERIO DEL ESPÍRITU SANTO

1. Cuando pedimos al Espíritu Santo que venga, Él viene.

- Mantenerse en la perspectiva adecuada (Lucas 10,17-20).
- Los sarmientos deben centrar su atención principalmente en la viña y no en el fruto.

2. Puesto que es su ministerio (del Espíritu Santo), trata de actuar con sencillez y sinceridad cuando ores por otras personas.

- Evita toda intensidad (gritos, jerga religiosa, excentricidades, etc.).
- Sé tú mismo (actúa con normalidad y naturalidad, y no cambies de voz cuando ores).

3. Acércate a la persona por la que vas a orar y pide al Espíritu Santo que venga.

- Recíbelo cuando veas las señales de su acción y espera en Dios mientras le pides que te guíe en la oración.

- No te preocupes si hay momentos de silencio.

4. Calladamente, pregúntale a Dios qué es lo que quiere hacer o decir..., cómo quiere animar o comunicar sus dones.

- La profecía siempre fortalece, alienta y reconforta (1 Corintios 14,3).

5. Pregunta qué está ocurriendo.

- «¿Qué sientes que está ocurriendo?»

- «¿Sientes que Dios te está diciendo algo?»

2. AUTORIDAD BÍBLICA

1. El Espíritu de Dios y la Escritura nunca se contradicen.

- La verdad nos hace libres (Juan 8,32).

- La oración de Pablo: Efesios 3,17-19.

2. Apóyate en verdades y promesas bíblicas:

- Culpa (Romanos 8,1).

- Arrepentimiento (Salmo 51).

- Temor (Salmo 91).

- Guía (Salmo 37,5).

- Tentación (1 Corintios 10,13).

- Ansiedad (Filipenses 4,6-7).

3. Explica cómo vas a orar e invita a la persona a tener fe en una promesa específica de Dios.

- Espera en las promesas de Dios. ¡Forma parte de la fe encontrar una promesa de Dios y atreverse a creer en ella!

3. LA DIGNIDAD DEL INDIVIDUO

- La confidencialidad es esencial.
- Ora por la gente en un ambiente relajado (tú solo o en parejas).
- Hombres oran por hombres y mujeres por mujeres.
- Respeta la intimidad.
- Reafirma, no condenes.
- Fe: no pongas cargas adicionales sobre la gente.
- Dales la libertad necesaria para que vuelvan.
- Dedica el tiempo que sea necesario para solucionar las dificultades de comprensión, de fe y de certeza que puedan surgir.
- Guíales a Cristo (recurso: ¿Por qué Jesús?).
- Llenos del Espíritu Santo
  - «¿Estoy preparado?».
  - «Soy indigno».
  - «Nunca podré hablar en lenguas».
  - 1 Corintios 14,2.4.14; Mateo 7,11.
  - Si una persona quiere recibir el don de lenguas, anímala a que empiece a hablar en otra lengua y dile que vas a acompañarla haciéndolo tú también.

4. RELACIONES ARMONIOSAS

«Permite que alcancen la perfección en la unidad, y así el mundo reconozca que tú me enviaste y que los has amado a ellos tal como me has amado a mí» (Juan 17,23).

1. La unidad viene del Espíritu Santo

- La falta de unidad, amor y perdón impide la acción del Espíritu.
- Una persona debe encargarse visiblemente de liderar el ministerio de la oración con la ayuda de las oraciones del resto.

5. EL CUERPO DE CRISTO

1. La comunidad cristiana es el lugar donde tiene lugar la sanación a largo plazo y el crecimiento espiritual, bajo el amparo de la autoridad de la iglesia.

- Permite que la gente avance a su propio ritmo y recuerda que se trata de un proceso.

2. Mantente en contacto

- Esto nos pone alerta contra cualquier posible tentación.
- No pienses jamás que «fue todo una ilusión».
- Efesios 5,18: continúa llenándote del Espíritu.

¿QUÉ DEBEMOS HACER?

El Nuevo Testamento nos deja ver claramente que hay algo que tenemos que hacer para aceptar el don de Dios. Ese algo es un acto de fe. Juan el discípulo escribe: «Porque tanto amó Dios al mundo, que dio a su Hijo unigénito, para que todo el que cree en él no se pierda, sino que tenga vida eterna» (Juan 3,16). El creer en Dios requiere un acto de fe, basado en todo lo que sabemos acerca de Jesús. No se trata de una fe a ciegas sino de depositar nuestra confianza en una Persona. En cierta manera, es algo parecido al paso de fe que dan los novios cuando dicen «Sí, quiero» el día de su boda.

La manera como la gente da este paso de fe puede ser muy diferente, pero quiero explicar una forma en la que puedes dar ese paso de fe, en este momento. Se puede resumir en tres palabras muy sencillas:

«Perdón»

Tienes que pedirle perdón a Dios por todas las cosas que hayas hecho mal, y renunciar a todo aquello que sabes que está mal en tu vida. Eso es lo que la Biblia quiere decir con la palabra «arrepentimiento».

«Gracias»

Significa creer que Jesús murió en la cruz por ti. Tienes que darle las gracias por morir por ti y por darte gratuitamente el perdón, la libertad y su Espíritu.

«Por favor»

Dios nunca entra a la fuerza en nuestra vida. Tienes que aceptar su don e invitarlo a venir y vivir dentro de ti por medio de su Espíritu.

Si deseas tener una relación con Dios y estás preparado para decir estas tres cosas, he aquí una oración muy sencilla que puedes hacer para dar comienzo a esta relación:

Señor Jesucristo,

Te pido perdón por las cosas que he hecho mal en mi vida. (Toma unos momentos para pedir perdón por pecados particulares que estén pesando en tu conciencia).

Por favor perdóname. Ahora me arrepiento y dejo atrás todo aquello que sé que está mal.

Gracias por morir en la cruz por mí para que pudiera recibir el perdón y la libertad.

Gracias porque me ofreces ahora tu perdón y el don de tu Espíritu Santo. Recibo, ahora, ese don.

Te pido que entres en mi vida, por medio del Espíritu Santo, para que me acompañe siempre.

Gracias, Señor Jesús. Amén.

DA UN PASO MÁS

Contacta con nosotros
¿Quieres informarte de todo lo que Dios está haciendo a través de Alpha (vidas, comunidades e iglesias transformadas)? Únete a nuestra lista de contactos y comparte con nosotros tu experiencia Alpha. Como agradecimiento por tu participación, podrás elegir un regalo. También podrás encontrar otras formas de participar, como ser Consejero Alpha, formar parte de un Equipo Global Alpha y mucho más.
http://latam.alpha.org/contact/
www.alphausa.org/connect

Cuéntanos tu experiencia
¿Ha cambiado tu vida en Alpha? Nos encantaría saber cómo Dios ha actuado en tu vida. Quizá sea lo que alguien que esté pensando en ir a Alpha necesite leer para animarse.
http://latam.alpha.org/contact/; www.alphausa.org/mystory; www.alphacanada.org/stories

Únete a nuestras comunidades «online»
¿Estas buscando personas como tú que quieran compartir su reciente experiencia en Alpha? Participa en nuestras conversaciones «on line»:
Facebook - Alpha USA; Alpha Canada; Alpha Caribbean; Alpha Latin America
Twitter - @alphausa; @alphalatam; @alphacanada
Alpha Friends - alphafriends.ning.com

RECURSOS ALPHA

Este libro es un recurso de Alpha. Alpha es una introducción práctica a la fe cristiana creada y desarrollada por la iglesia Holy Trinity Brompton en Londres, Inglaterra. Miles de iglesias y personas de todo el mundo ya han hecho, y están haciendo, Alpha.

Hay muchos recursos disponibles para impartir Alpha. Los recursos traducidos al español son los siguientes:

Guía Alpha. Es un manual diseñado para ser utilizado por todos los participantes de Alpha, contiene el esquema de cada tema de Alpha y un espacio para la toma de notas.

Alpha (estuche DVD). Versión completa o Versión exprés. Ambas versiones contienen las 15 sesiones de Alpha. La versión resumida, Alpha Exprés, ha sido abreviada a unos 20 minutos, casi la mitad de una sesión ordinaria de Alpha. Recomendamos que se usen las sesiones completas de Alpha siempre que sea posible. No obstante, Alpha Exprés es una herramienta muy útil cuando Alpha se realiza en el lugar de trabajo durante la hora de almorzar.

Alpha: entrenamiento para grupos pequeños DVD. Es una herramienta de entrenamiento para los anfitriones y ayudantes de los grupos pequeños en Alpha. Dos de las sesiones, «Dirigiendo grupos pequeños» (84 min) y «Cuidado pastoral» (65 min) están diseñadas para ser vistas antes de comenzar. La tercera sesión, «Orando unos por los otros» (67 min), debe verse antes del fin de semana Alpha. También incluye un video corto, titulado «Así no se dirige un grupo pequeño».

Cómo dirigir Alpha: El manual del coordinador y *Cómo impartir Alpha: Los primeros pasos.* Después de asistir a una sesión de entrenamiento Alpha, esperamos que te sientas animado e inspirado para empezar Alpha en tu iglesia, en tu casa o en cualquier otro grupo al que pertenezcas. Pero ¿cuáles son los pasos siguientes? *Los primeros pasos* es un recurso que te ayudará a planificar y empezar Alpha dándote consejos para avanzar gradualmente. *El manual del coordinador* ofrece recursos reproducibles para facilitar la formación y el entrenamiento de tu equipo Alpha.

Alpha también ha creado otros materiales de apoyo para contextos muy específicos como las prisiones, el ejército, la escuela, la universidad y el lugar de trabajo. Además de los recursos ya mencionados, Alpha ofrece cursos de seguimiento, conferencias de formación y otros materiales suplementarios.

Si quieres saber más sobre Alpha, contacta:

La oficina de Alpha International
Alpha International
Holy Trinity Brompton
Brompton Road
Londres SW7 1JA
Reino Unido
e-mail: americas@alpha.org
www.alpha.org

En las Américas
Alpha América Latina y el Caribe
e-mail: latinoamerica@alpha.org
www.alphalatinoamerica.org

Alpha Argentina
Buenos Aires
Argentina
e-mail: karen.tigar@alpha.org

Alpha Costa Rica
San José
Costa Rica
e-mail: wendy@alphacostarica.org
e-mail: otto@alphacr.org

Alpha México
Cuidad de México, DF
México
e-mail: oficinaalphamexico@gmail.
com
e-mail: fundacionalpha@gmail.
com

Alpha en el Caribe
Chaguanas
Trinidad, W.I.
e-mail: evangelizationcommis-
sion@yahoo.com

En España y Europa
Alpha España
Madrid
España
e-mail: info@cursoalpha.es
www.cursoalpha.es

Alpha EE.UU.
Deerfield, IL
EE.UU.
e-mail: info@alphausa.org
www.alphausa.org

En Canadá
Alpha Canadá
Richmond, BC
Canadá
e-mail: office@alphacanada.org
www.alphacanada.org

Para comprar recursos en Canadá
David C. Cook Distribution
Canadá
Paris, ON
Canadá
e-mail: custserve@davidccook.ca
www.davidccook.ca